Impressum
Verlag: BABADADA GmbH, Nedderfeld 112 , 22529 Hamburg
Geschäftsführer / Verlagsleitung: Harald Hof
Druck: Books on Demand GmbH, In de Tarpen 42, 22848 Norderstedt

Imprint
Publisher: BABADADA GmbH, Nedderfeld 112 , 22529 Hamburg, Germany
Managing Director / Publishing direction: Harald Hof
Print: Books on Demand GmbH, In de Tarpen 42, 22848 Norderstedt, Germany

škola

sekolah

učiona
ruang kelas

deliti
membagi

186/2

ploča
papan

školsko dvorište
halaman sekolah

nastavnik
guru

papir
kertas

pisati
menulis

hemijska olovka
pena

pisaći stol
meja kerja

lenjir
penggaris

knjiga
buku

učenik
murit

torba
tas sekolah

pernica
tempat pensil

grafitna olovka
pensil

šiljilo za olovke
pengasah pensil

gumica za brisanje
penghapus

blok za crtanje
kertas gambar

crtež
gambar

kist
kuas

kutija sa bojama
kotak cat

makaze
gunting

lepilo
lem

beležnica
buku latihan

domaći zadatak
pekerjaan rumah

broj
angka

2+2

sabirati
tambhakan

oduzimati
mengurangi

množiti
mengalikan

računati
menghitung

A

slovo
huruf

ABCDEFG
HIJKLMN
OPQRSTU
VWXYZ

abeceda
alfabet

reč
kata

tekst
teks

čitati
membaca

kreda
kapur

čas
pelajaran

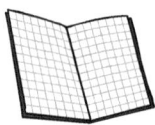

dnevnik
daftar

ispit
ujian

svedočanstvo
sertifikat

školska uniforma
seragam sekolah

obrazovanje
pendidikan

leksikon
ensiklopedi

univerzitet
universitas

mikroskop
mikroskop

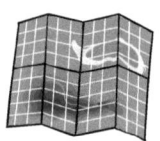

karta
peta

košara za papir
tempat sampah

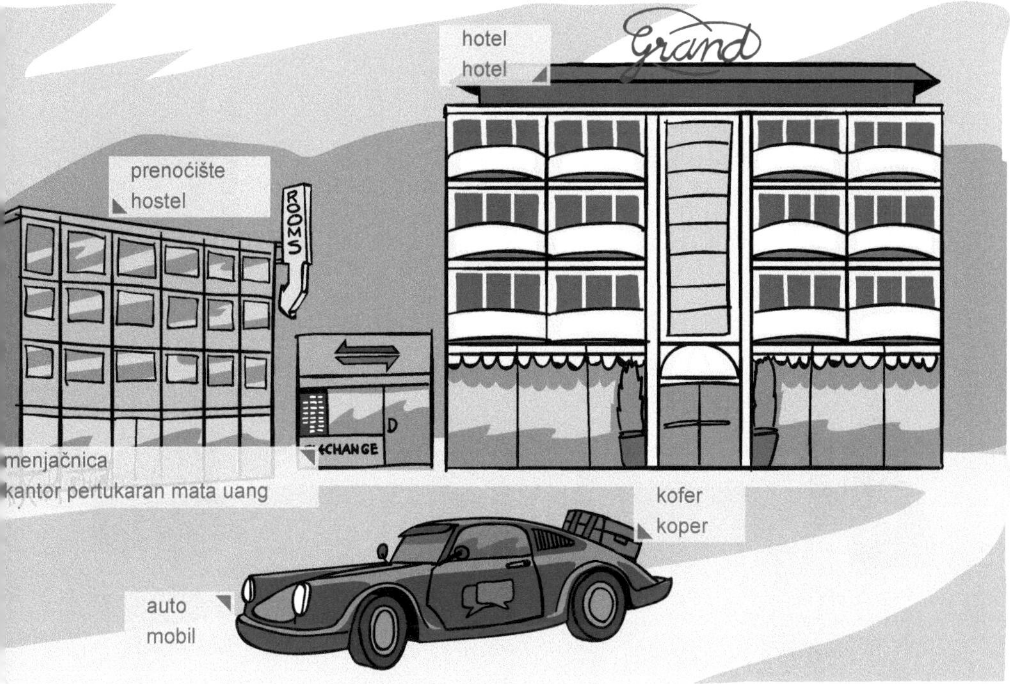

hotel
hotel

Grand

prenoćište
hostel

ROOMS

menjačnica
kantor pertukaran mata uang

EXCHANGE

kofer
koper

auto
mobil

jezik
bahasa

da / ne
ya / tidak

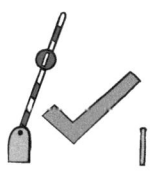

okej
okay

zdravo
hallo

prevodilac
penerjemah

hvala
terima kasih

Koliko košta...?

Berapa harganya...?

ne razumem

saya tidak mengerti

problem

masalah

dobro veče!

Selamat malam!

Dobro jutro!

Selamat siang!

Laku noć!

Selamat tidur!

doviđenja

sampai jumpa

smer

arah

prtljaga

bagasi

torba

tas

ruksak

ransel

gost

tamu

soba

ruang

vreća za spavanje

kantong tidur

šator

tenda

turističke informacije
informasi wisata

plaža
pantai

kreditna kartica
kartu kredit

doručak
sarapan

ručak
makan siang

večera
makan malam

karta za vožnju
tiket

lift
elevator

poštanska markica
perangko

granica
perbatasan

carina
cukai

ambasada
kedutaan

viza
visa

pasoš
paspor

transport
transportasi

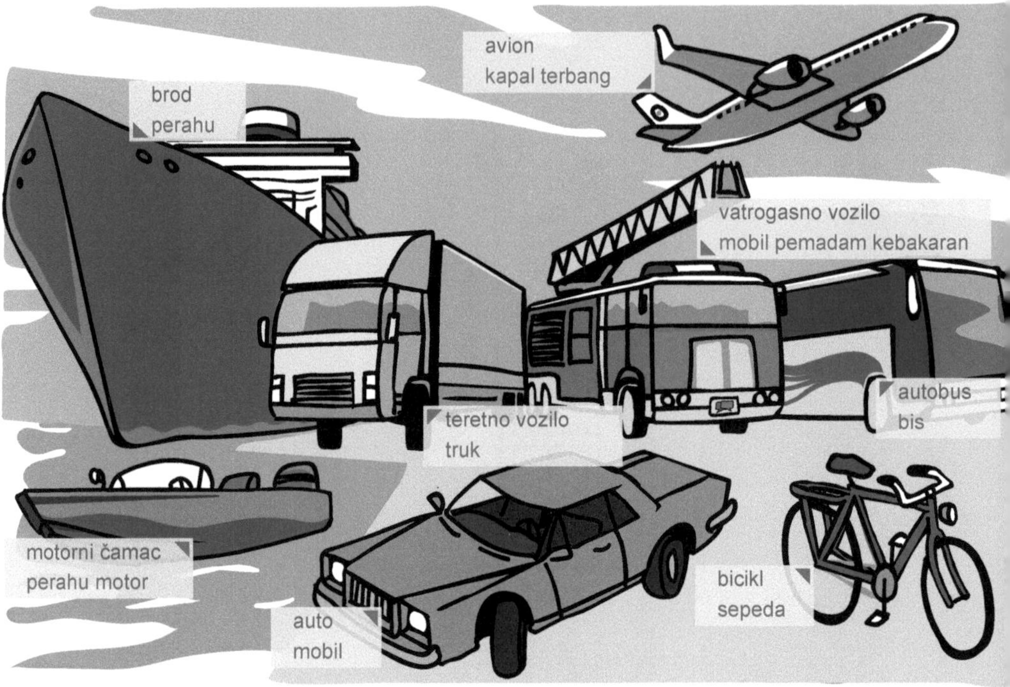
avion
kapal terbang
brod
perahu
vatrogasno vozilo
mobil pemadam kebakaran
autobus
bis
teretno vozilo
truk
motorni čamac
perahu motor
bicikl
sepeda
auto
mobil

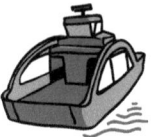

trajekt

feri

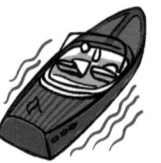

čamac

perahu

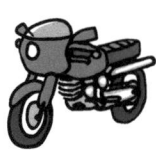

motocikl

sepeda motor

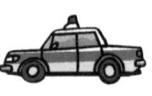

policijski auto

mobil polisi

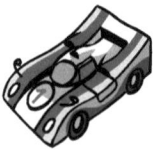

trkaći auto

mobil balapan

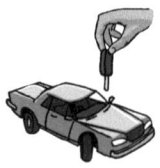

iznajmljeno auto

mobil sewa

delenje automobila

berbagi mobil

vučno vozilo

truk derek

vozilo za odvoz smeća

truk sampah

motor

motor

benzin

bahan bakar

benzinska stanica

bensin

saobraćajni znak

tanda lalulintas

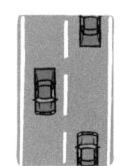

saobraćaj

lalulintas

zastoj

macet

parkiralište

parkir mobil

železnička stanica

stasiun kereta

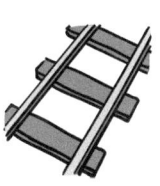

šine

trek

voz

kereta api

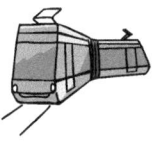

tramvaj

tram

vagon

gerobak

transport - transportasi

helikopter

helikopter

aerodrom

bendara

kula

menara

putnik

penumpang

kontejner

container

karton

karton

kolica

troli

korpa

keranjang

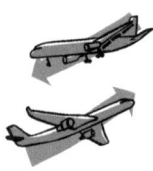

uzleteti / sleteti

berangkat / mendarat

grad

kota

selo

desa

centar grada

pusat kota

kuća

rumah

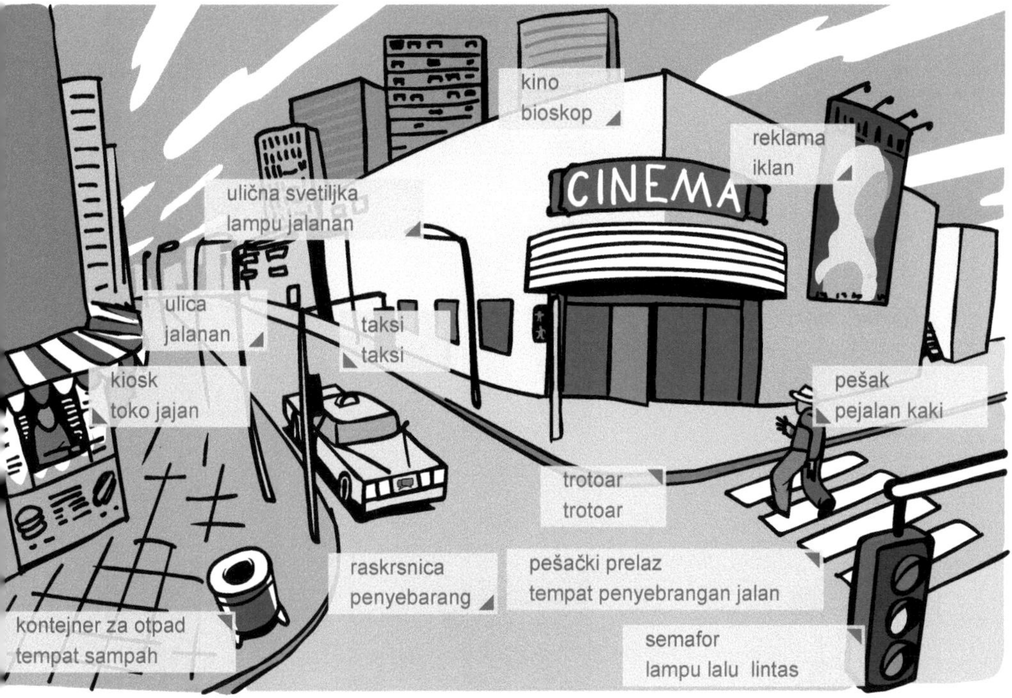

kino
bioskop

reklama
iklan

ulična svetiljka
lampu jalanan

ulica
jalanan

taksi
taksi

pešak
pejalan kaki

kiosk
toko jajan

trotoar
trotoar

raskrsnica
penyebarang

pešački prelaz
tempat penyebrangan jalan

kontejner za otpad
tempat sampah

semafor
lampu lalu lintas

koliba
gubuk

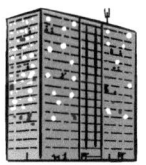

stan
rumah flat

železnička stanica
stasiun kereta

većnica
balai kota

muzej
museum

škola
sekolah

grad - kota

univerzitet

universitas

banka

bank

bolnica

rumah sakit

hotel

hotel

apoteka

farmasi

kancelarija

kantor

knjižara

toko buku

prodavnica

toko

cvećara

toko bunga

supermarket

supermarket

trg

pasar

robna kuća

toko serba ada

ribarnica

nelayan

trgovački centar

pusat belanja

luka

pelabuhan

park
taman

klupa
banku

most
jembatan

stepenice
tangga

podzemna železnica
kereta bawah tanah

tunel
terowongan

autobuska stanica
pemberhantian bis

bar
bar

restoran
restauran

poštansko sanduče
kotak surat

ulični znak
tanda jalan

parkirni automat
meteran parkir

zoološki vrt
kebun binatang

bazen
kolam renang

džamija
mesjid

seosko gazdinstvo
pertanian

zagađenje okoline
polusi

groblje
kuburan

crkva
gereja

igralište
tempat bermain

hram
pura

pejsaž

pemandangan

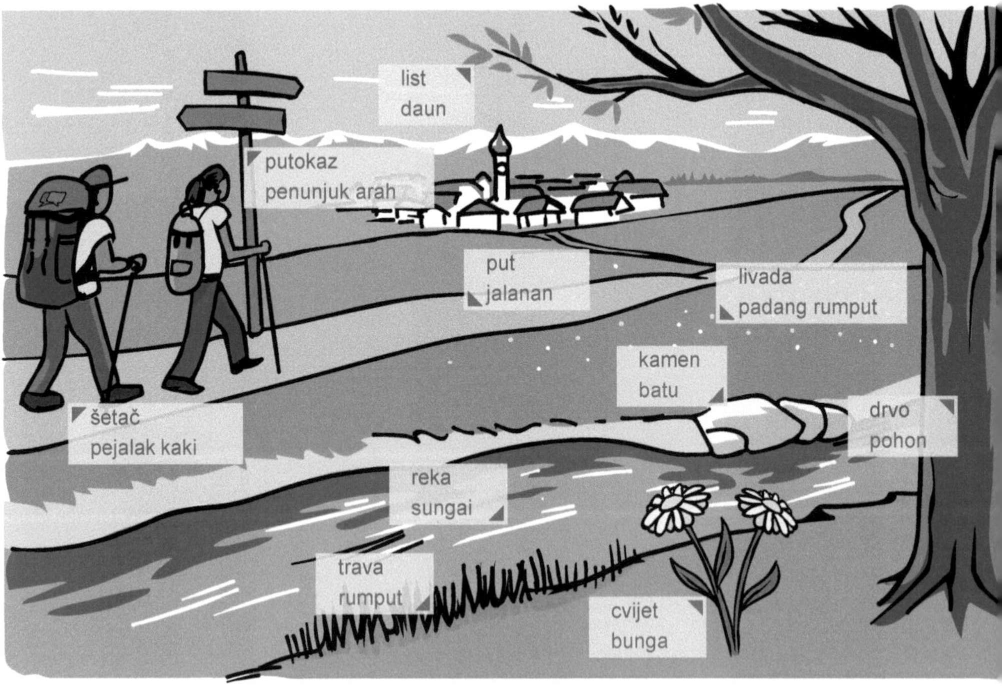

list
daun

putokaz
penunjuk arah

put
jalanan

livada
padang rumput

kamen
batu

drvo
pohon

šetač
pejalak kaki

reka
sungai

trava
rumput

cvijet
bunga

dolina
lembah

planina
bukit

jezero
danau

šuma
hutan

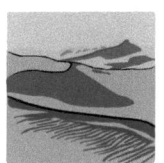

pustinja
padang gurun

vulkan
gunung berapi

dvorac
istana

duga
pelangi

gljiva
jamur

palma
pohon palem

moskito
nyamuk

muva
lalat

mrav
semut

pčela
lebah

pauk
laba-laba

buba

kumbang

žaba

kodok

veverica

tupai

jež

landak

zec

kelinci

sova

burung hantu

ptica

burung

labud

angsa

divlja svinja

babi jantan

jelen

rusa

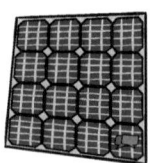

los

rusa

nasip

bendungan

vetrenjača

turbin angin

solarna ploča

panel surya

klima

iklim

pejsaž - pemandangan

restoran

restauran

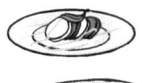

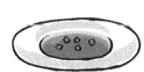

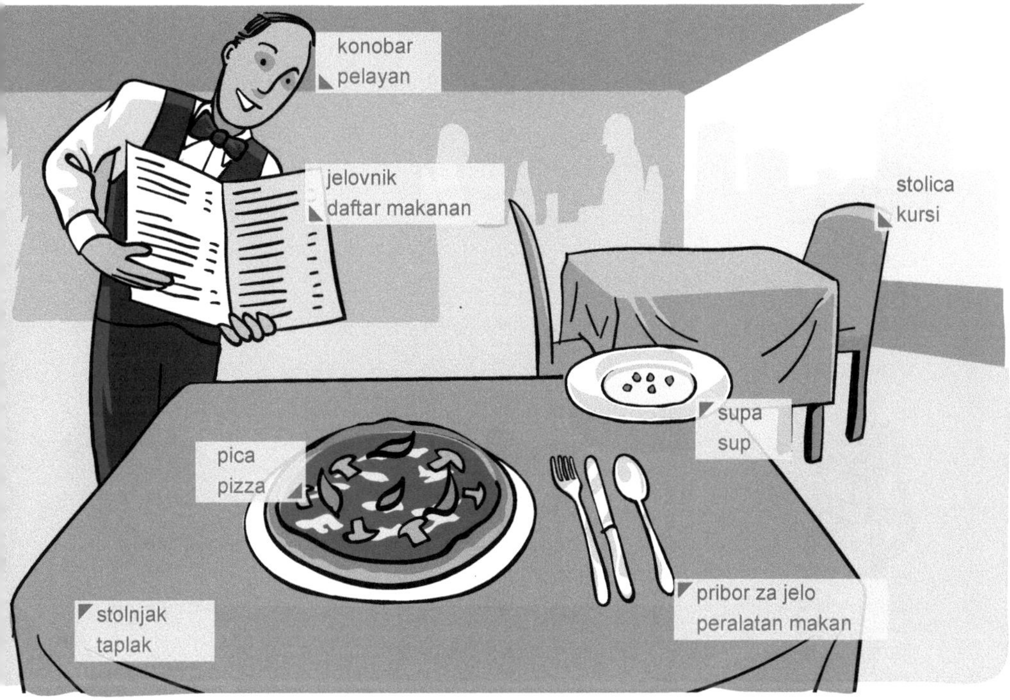
konobar
pelayan
jelovnik
daftar makanan
stolica
kursi
supa
sup
pica
pizza
stolnjak
taplak
pribor za jelo
peralatan makan

predjelo

hindangan pembuka

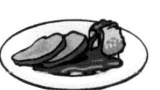

glavno jelo

hidangan utama

desert

hidangan penutup

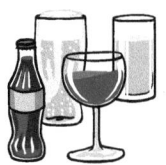

napitci

minuman

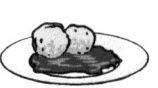

jelo

makanan

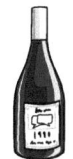

flaša

botol

brza hrana

fastfood

imbis hrana

masakan jalanan

čajnik

teko teh

doza za šećer

kaleng gula

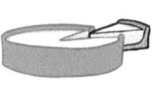

porcija

porsi

aparat za espresso

mesin espresso

visoka stolica

kursi tinggi

račun

tagihan

poslužavnik

baki

nož

pisau

viljuška

garpu

kašika

sendok

čajna kašika

sendok teh

salveta

serbet

čaša

gelas

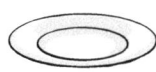

tanjir

piring

tanjir za supu

piring sup

tanjirić

lepek

sos

saus

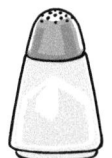

soljenka

tempat garam

mlin za biber

gilingan merica

sirće

cuka

ulje

minyak

začini

bumbu

kečap

saus tomat

senf

mustar

majoneza

mayones

supermarket

supermarket

ponuda
penawaran khusus
FOR
kupac
klien
mlečni proizvodi
produk susu
voće
buah
kolica za kupovinu
troli

BUTCHERS

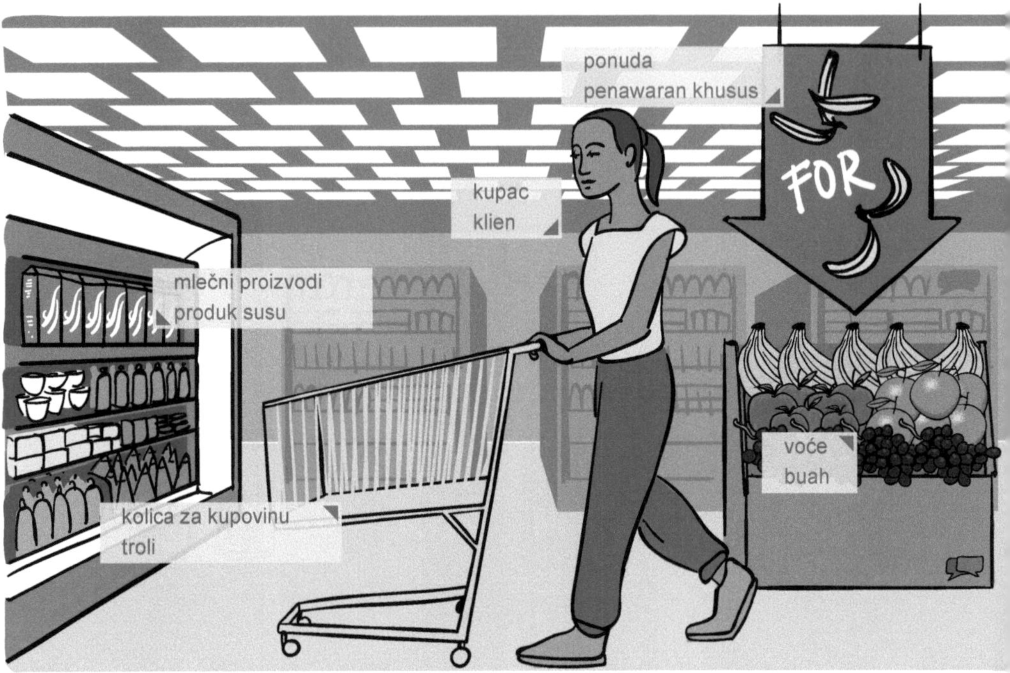

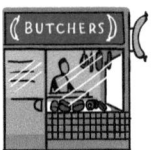

mesnica

pembantai

BAKERY

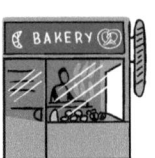

pekara

toko roti

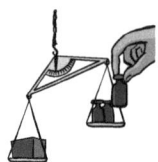

vagati

menimbang

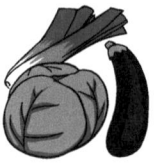

povrće

sayur

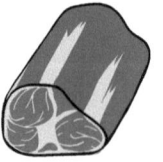

meso

daging

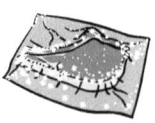

smrznuta hrana

makanan beku

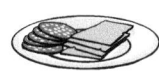

narezak

pemotongan dingin

konzerve

makanan kaleng

sredstvo za pranje

sabun serbuk

slatkiši

permen

artikli za domaćinstvo

alat-alat rumah tangga

sredstva za čišćenje

obat pembersihan

prodavačica

penjual

blagajna

kasa

blagajnik

kasir

lista za kupovinu

daftar belanja

vreme rada

jam buka

novčanik

dompet

kreditna kartica

kartu kredit

torba

tas

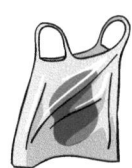

plastična kesa

kantong plastik

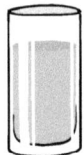

voda

air

sok

jus

mleko

susu

kola

cola

vino

anggur

pivo

bir

alkohol

alkohol

kakao

coklat

čaj

teh

kava

kopi

espresso

espresso

cappuccino

cappucino

banana
pisang

jabuka
apel

narandža
jeruk

lubenica
semangka

limun
jeruk lemon

šargarepa
wortel

beli luk
bawang putih

bambus
bambu

luk
bawang bombai

gljiva
jamur

orašasti plodovi
kacang

rezanci
mi

špagete

spagetti

riža

nasi

salata

salat

pomfrit

kentang goreng

pečeni krumpir

kentang goreng

pica

pizza

hamburger

hamburger

sendvič

sandwich

šnicla

sayatan

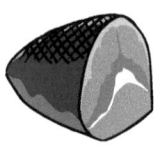

šunka

ham

salama

salami

kobasica

sosis

kokoš

ayam

pečenje

menggoreng

riba

ikan

zobene pahuljice

bubur gandum

musli

sereal

kukuruzne pahuljice

cornflakes

brašno

tepung

kroasan

croissant

pecivo

roti

hleb

roti

toast

toast

keksi

biskuit

maslac

mentega

sveži sir

dadih

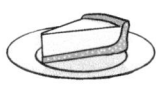

kolač

kue

jaje

telur

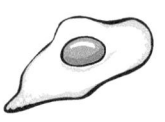

jaje na oko

telur goreng

sir

keju

sladoled

eskrim

šećer

gula

med

madu

marmelada

selai

nugat krema

krim nugat

kari

kare

seosko gazdinstvo
pertanian

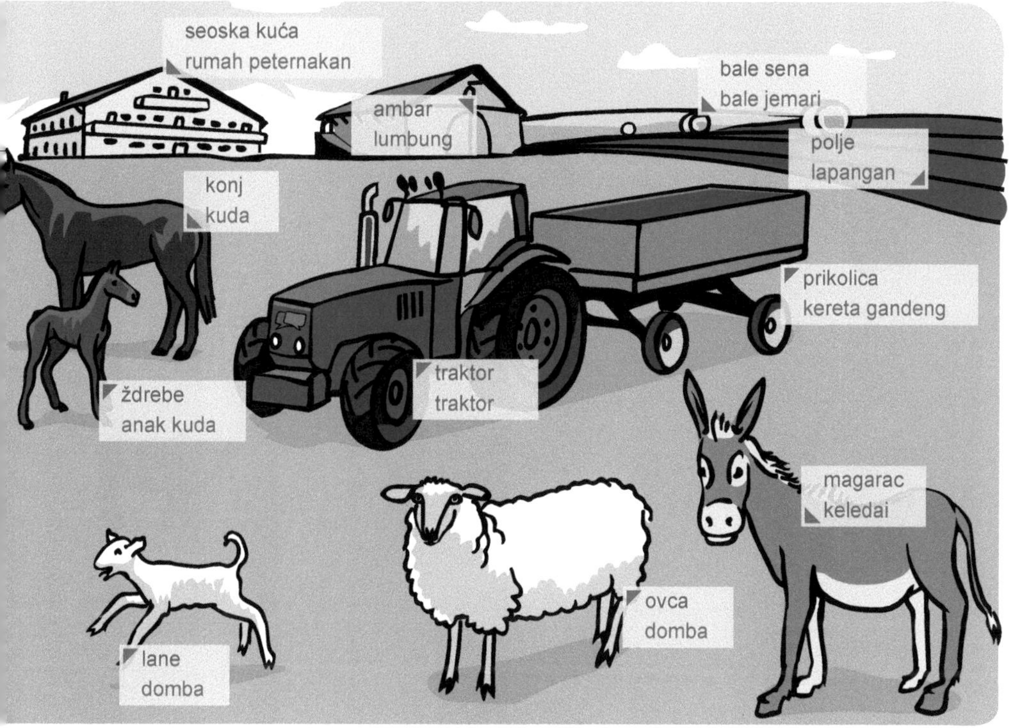
seoska kuća
rumah peternakan
ambar
lumbung
bale sena
bale jemari
polje
lapangan
konj
kuda
prikolica
kereta gandeng
traktor
traktor
ždrebe
anak kuda
magarac
keledai
ovca
domba
lane
domba

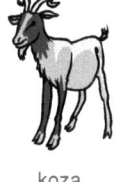

koza

kambing

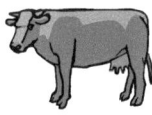

krava

sapi

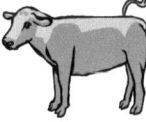

tele

betis

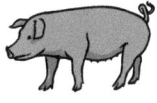

svinja

babi

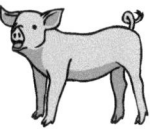

prase

celeng

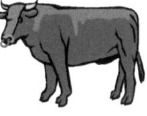

bik

banteng

guska
angsa

patka
bebek

pilići
anak ayam

kokoš
ayam

petao
ayam jantan

pacov
tikus

mačka
kucing

miš
tikus

vol
lembu

pas
anjing

kućica za psa
rumah anjing

vrtno crevo
selang

kanta za polivanje
penyiram

kosa
sabit

plug
bajak

srp

sabit

motika

cangkul

viljuška za đubrivo

garpu rumput

sekira

kapak

tačke

gerobak

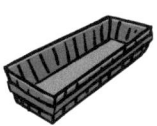

korito

palung

posuda za mleko

kaleng susu

vreća

karung

ograda

pagar

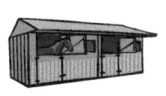

štala

kandang

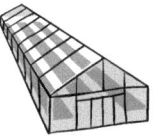

staklenik

rumah kaca

zemlja

tanah

seme

benih

đubrivo

pupuk

kombajn

mesin pemanen

žeti
....
panen

žetva
....
panen

jams začin
....
yams

pšenica
....
gandum

soja
....
kedelai

krumpir
....
kentang

kukuruz
....
jagung

uljana repica
....
lobak

voćka
....
pohon buah

gomolj manioke
....
singkong

žitarice
....
sereal

kuća
rumah

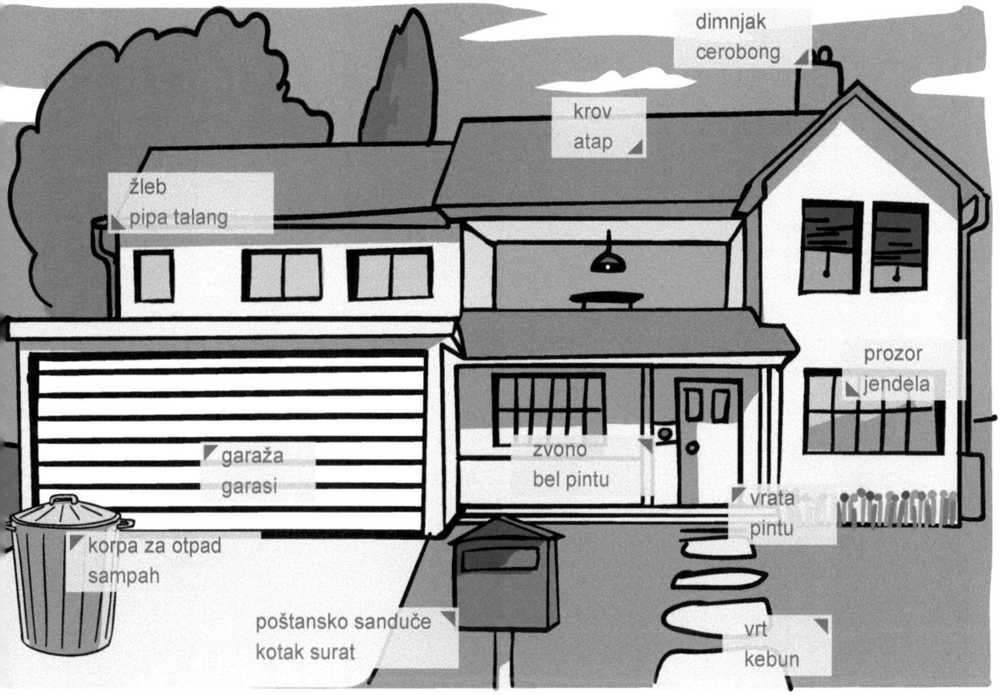
dimnjak
cerobong
krov
atap
žleb
pipa talang
prozor
jendela
garaža
garasi
zvono
bel pintu
vrata
pintu
korpa za otpad
sampah
poštansko sanduče
kotak surat
vrt
kebun

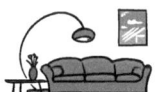

dnevna soba
ruang tamu

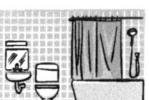

kupaonica
kamar mandi

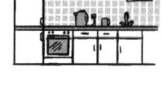

kuhinja
dapur

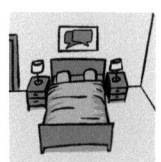

spavaća soba
kamar tidur

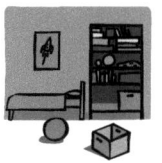

dečija soba
kamar anak

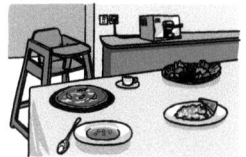

trpezarija
kamar makan

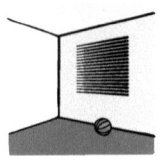

pod
....
lantai

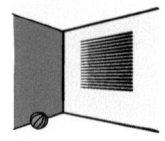

zid
....
tembok

strop
....
atap

podrum
....
gudang di bawah tanah

sauna
....
sauna

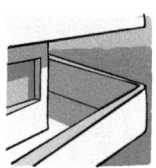

balkon
....
balkon

terasa
....
teras

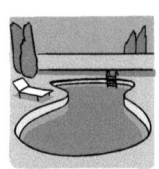

bazen
....
kolam renang

kosilica za travu
....
mesin pemotong rumput

posteljina za krevet
....
sprei

deka za krevet
....
selimut

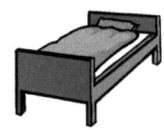

krevet
....
tempat tidur

metla
....
sapu

kanta
....
ember

prekidač
....
tombol

dnevna soba
ruang tamu

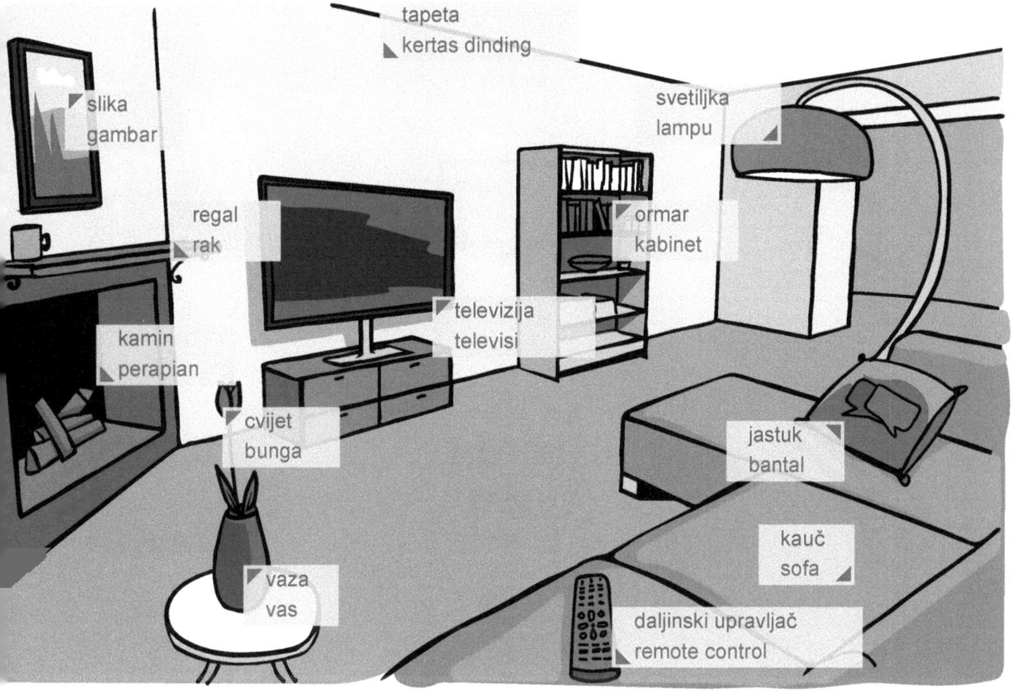
tapeta
kertas dinding
slika
gambar
svetiljka
lampu
regal
rak
ormar
kabinet
televizija
televisi
kamin
perapian
cvijet
bunga
jastuk
bantal
kauč
sofa
vaza
vas
daljinski upravljač
remote control

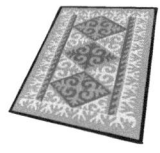

tepih

karpet

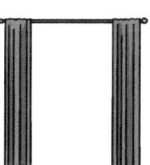

zavesa

korden

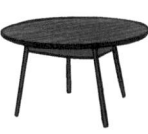

sto

meja

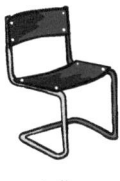

stolica

kursi

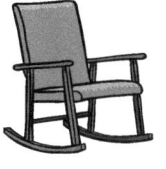

stolica za njihanje

kursi goyang

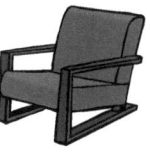

fotelja

kursi malas

knjiga

buku

deka

selimut

dekoracija

dekorasi

drvo za ogrev

kayu bakar

film

filem

hi-fi uređaj

hi-fi

ključ

kunci

novine

koran

slika na platnu

lukisan

poster

poster

radio

radio

blok za pisanje

buku tulis

usisivač

penyedot debu

kaktus

kaktus

sveća

lilin

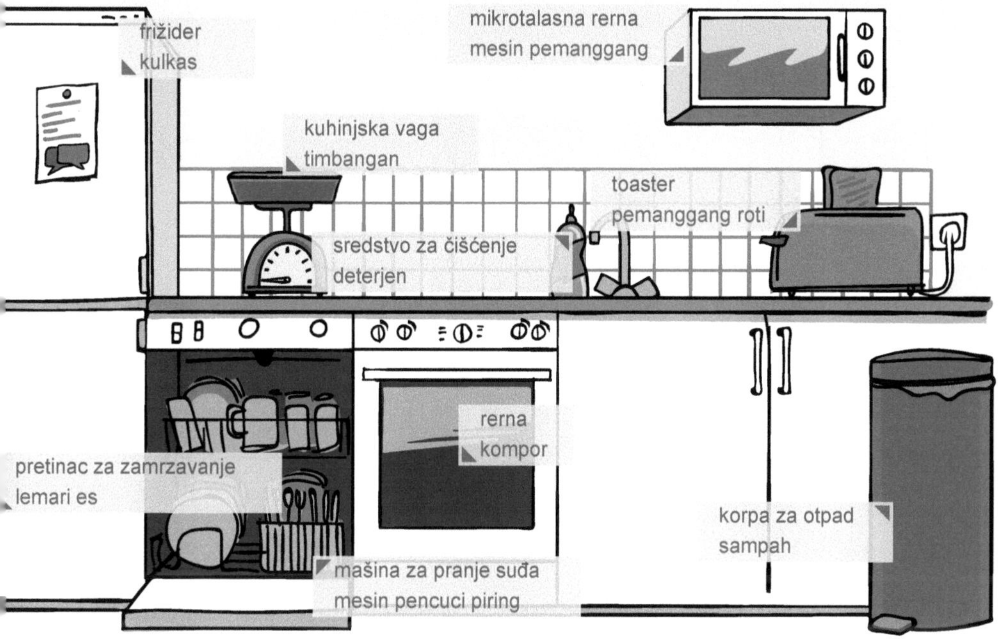

frižider
kulkas

mikrotalasna rerna
mesin pemanggang

kuhinjska vaga
timbangan

toaster
pemanggang roti

sredstvo za čišćenje
deterjen

rerna
kompor

pretinac za zamrzavanje
lemari es

korpa za otpad
sampah

mašina za pranje suđa
mesin pencuci piring

šporet
....
kompor

lonac
....
panci

gvozdeni lonac
....
panci besi

wok / kadai
....
wajan

tava
....
panci

kuvalo za vodu
....
pemanas air

kuvalo na paru

panci pengukus makanan

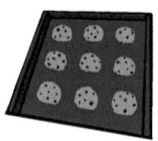

lim za pečenje

nampan

posuđe

piring

čaša

cangkir

posuda

mangkok

štapići za jelo

sumpit

kutlača

sendok sup

lopatica

sudip

penjača

mengocok

sito za kuvanje

saringan

sito

saringan

ribež

parutan

mužar

mortir

roštilj

barbeque

ognjište

api terbuka

daska
papan memotong

oklagija
gilingan

vadičep
alat pembuka botol

konzerva
kaleng

otvarač konzervi
pembuka kaleng

krpa za lonac
pegangan panci

sudoper
wastafel

četka
sikat

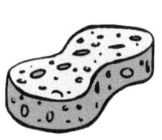

sunđer
busa

mikser
mesin pencampur

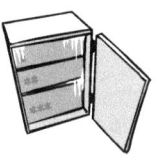

zamrzivač
lemari es

flašica za bebe
botol bayi

slavina za vodu
keran

kupaonica
kamar mandi

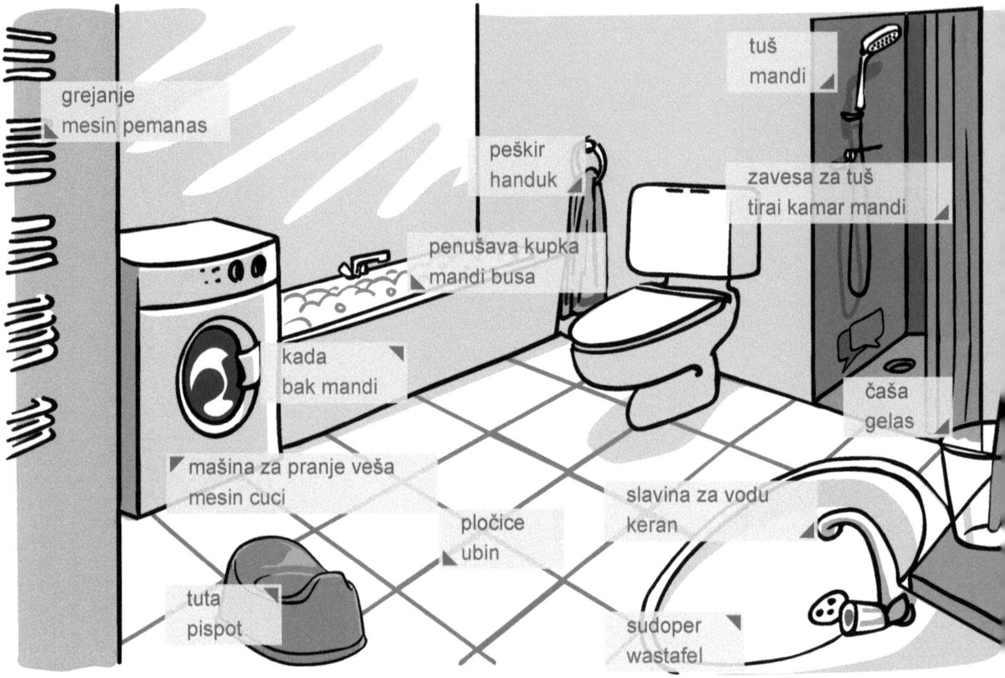

grejanje
mesin pemanas
peškir
handuk
tuš
mandi
zavesa za tuš
tirai kamar mandi
penušava kupka
mandi busa
kada
bak mandi
čaša
gelas
mašina za pranje veša
mesin cuci
slavina za vodu
keran
pločice
ubin
tuta
pispot
sudoper
wastafel

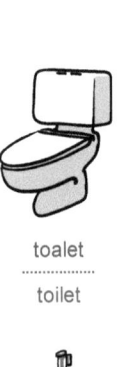

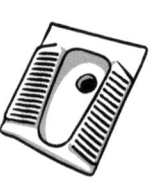

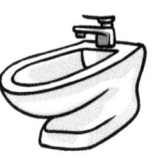

toalet
toilet

čučavac
toilet jongkok

bidet
bidet

pisoar
pissoir

toaletni papir
kertas toilet

četka za toalet
sikat toilet

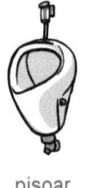

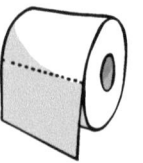

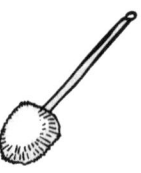

četkica za zube

sikat gigi

pasta za zube

pasta gigi

konac za zube

benang gigi

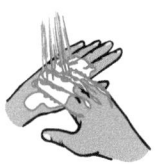

prati

menyuci

tuš ručica

pancuran tangan

tuš za pranje intimnih delova

pancuran

lavor

bak

četka za pranje leđa

sikat punggung

sapun

sabun

gel za tuširanje

gel mandi

šampon

sampo

krpa za pranje

planel

odvod

kuras

krema

krim

dezodorans

deodoran

ogledalo

kaca

kozmetičko ogledalo

cermin tangan

brijač

pisau cukur

pena za brijanje

busa cukur

losion za posle brijanja

aftershave

češalj

sisir

četka

sikat

fen za kosu

alat pengering rambut

sprej za kosu

semprot rambut

makeup

makeup

ruž za usne

lipstik

lak za nokte

cat kuku

vata

kapas

makaze za nokte

gunting kuku

parfem

minyak wangi

kozmetička torbica
kantong pencuci

stolica
bangku

vaga
timbangan

ogrtač
mantel mandi

rukavice za čišćenje
sarung tangan karet

tampon
tampon

uložak
handuk pembalut

hemijski toalet
toilet kimia

dečija soba
kamar anak

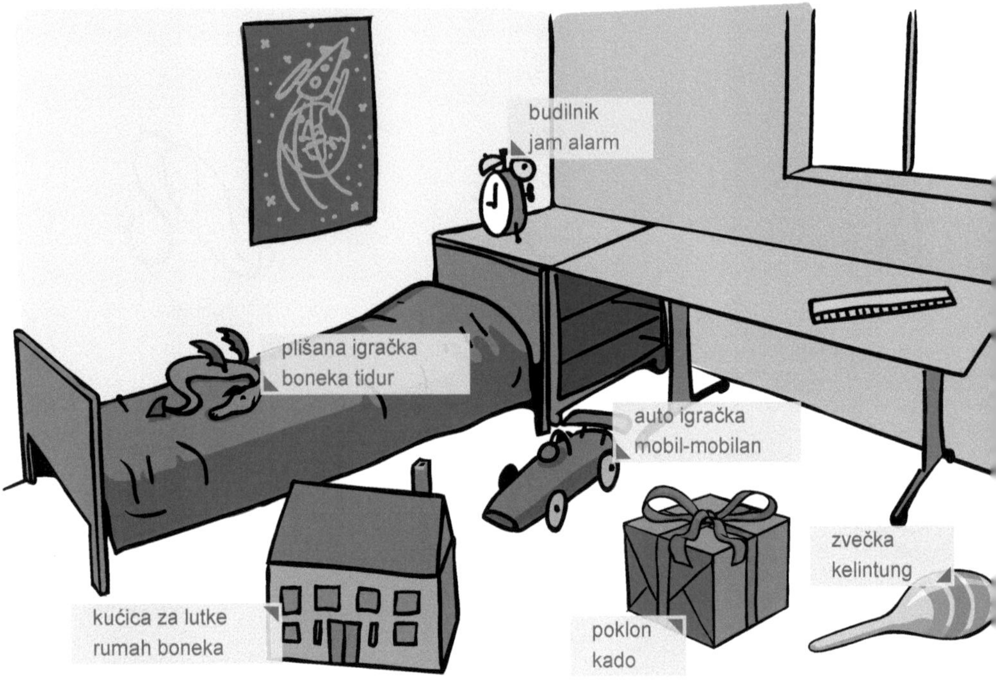
budilnik
jam alarm
plišana igračka
boneka tidur
auto igračka
mobil-mobilan
zvečka
kelintung
kućica za lutke
rumah boneka
poklon
kado

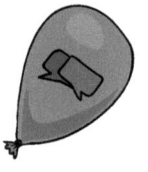

balon

balon

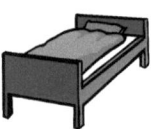

krevet

tempat tidur

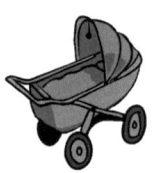

dječija kolica

kereta bayi

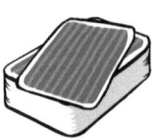

igra s kartama

mainan kartu

slagalica

teka-teki

SUPER
MEGA

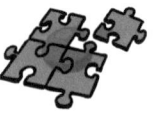

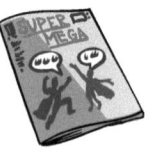

strip

komik

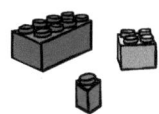

lego kockice

mainan lego

kockice za slaganje

blok mainan

akcioni junak

figur aksi

benkica za bebe

baju monyet

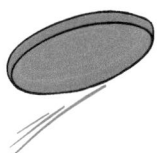

frizbi

frisbee

viseće igračke

mobile

društvene igre

permainan papan

kocka

dadu

minijaturna željeznica

set model kreta api

duda

dot

zabava

pesta

slikovnica

buku gambar

lopta

bola

lutka

boneka

igrati

bermain

pješčanik

tempat main pasir

ljuljačka

ayunan

igračka

mainan

konzola za igre

video game konsol

tricikl

sepeda roda tiga

tedi

teddy

ormar

lemari pakaian

odeća
pakaian

kratke čarape

kaos kaki

čarape

kaos kaki

hulahopke

baju ketat

šal
syal

kišobran
payung

majica
kaos

kaiš
sabuk

čizme
sepatu bot

papuče
sandal

patike
sepatu

sandale
sandal

cipele
sepatu

gumene čizme
sepatu bot karet

gaćice
celana dalam

grudnjak
BH

potkošulja
baju rompi

bodi

body

pantalone

celana

farmerke

jeans

suknja

rok

bluza

blus

košulja

kemeja

džemper

aket berkerudung

džemper s kapuljačom

sweater

sako

jaket

jakna

jaket

kaput

mantel

kabanica

jas hujan

kostim

kostum

haljina

gaun

venčanica

gaun pengantin

odelo

setelan resmi

spavaćica

gaun tidur

pidžama

piyama

sari

sari

marama za glavu

jilbab

turban

turban

burka

burka

kaftan

kaftan

abaja

abaya

kupaći kostim

pakaian renang

kupaće gaćice

celana renang

kratke pantalone

celana pendek

odeća za trening

olah raga

kecelja

celemek

rukavice

sarung tangan

dugme
kancing

naočare
kacamata

narukvica
gelang

ogrlica
kalung

prsten
cincin

naušnica
anting

kapa
topi

vešalica
gantungan mantel

šešir
topi

kravata
dasi

patent zatvarač
ritsleting

kaciga
helm

naramenice
tali selempang

školska uniforma
seragam sekolah

uniforma
seragam

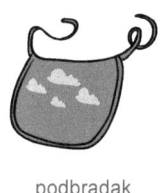

podbradak

oto

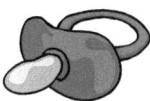

duda

dot

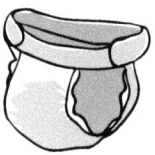

pelena

popok

kancelarija
kantor

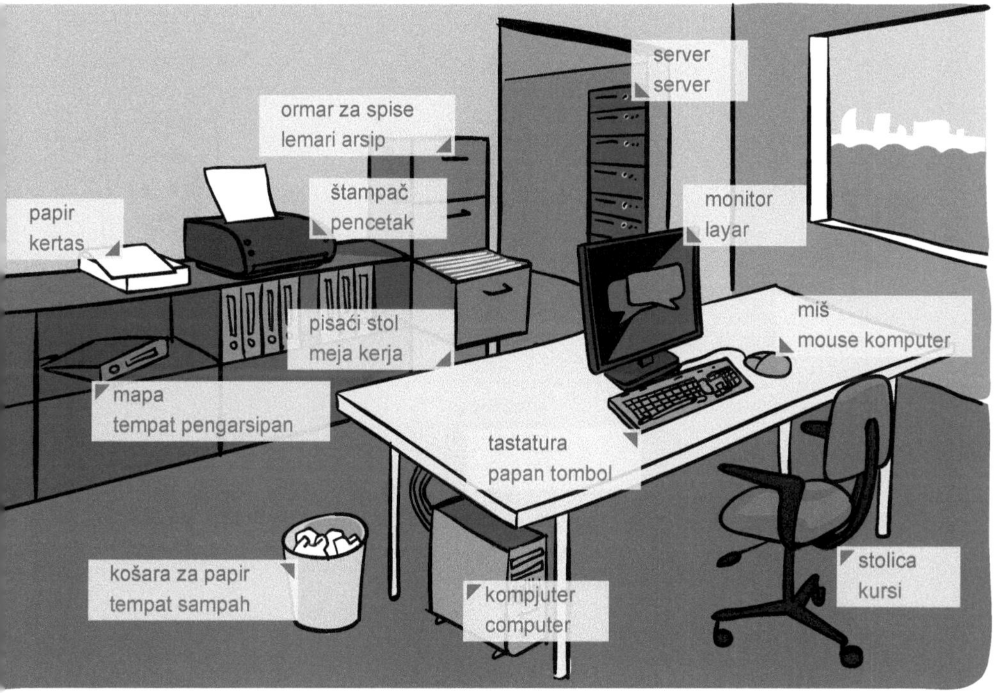

server
server
ormar za spise
lemari arsip
štampač
pencetak
papir
kertas
monitor
layar
miš
mouse komputer
pisaći stol
meja kerja
mapa
tempat pengarsipan
tastatura
papan tombol
košara za papir
tempat sampah
kompjuter
computer
stolica
kursi

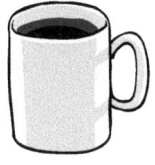

šalica za kavu

cangkir kopi

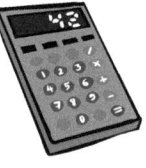

kalkulator

kalkulator

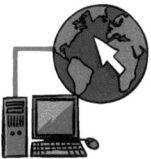

internet

internet

laptop

laptop

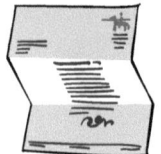

pismo

surat

poruka

pesan

mobilni telefon

telepon seluler

mreža

jaringan

uređaj za kopiranje

fotokopi

softver

software

telefon

telepon

utičnica

plug soket

faks

mesin fax

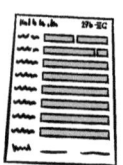

formular

formulir

dokument

dokumen

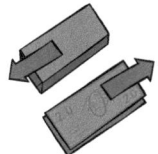

kupovati

membeli

platiti

membayar

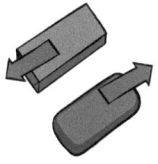

trgovati

berdagang

novac

uang

dolar

Dollar

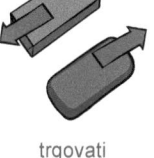

evro

Euro

jen

Yen

rublja

Rubel

švajcarski franak

Franc Swiss

renmindbi juan

Renminbi Yuan

rupija

Rupiah

automat za novac

ATM

menjačnica

kantor pertukaran mata uang

zlato

emas

srebro

perak

nafta

minyak

energija

energi

cena

harga

ugovor

kontrak

porez

pajak

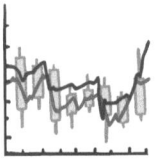

deonica

saham

raditi

bekerja

službenik

karyawan

poslodavac

majikan

fabrika

pabrik

prodavnica

toko

policajac
petugas polisi

vatrogasac
pemadam kebakaran

kuvar
pemasak

lekar
dokter

pilot
pilot

vrtlar

tukan kebun

stolar

tukang kayu

krojačica

penjahit wanita

sudija

hakim

hemičar

ahli kimia

glumac

aktor

vozač autobusa	vozač taksija	ribar
sopir bis	sopir taksi	nelayan

čistačica	krovopokrivač	konobar
pembantu	tukang atap	pelayan

lovac	slikar	pekar
pemburu	pelukis	tukang roti

električar	građevinski radnik	inženjer
tukang listrik	pembangun	insinyur

mesar	limar	poštar
tukang daging	tukang ledeng	tukang pos

vojnik
tentara

arhitekta
arsitek

blagajnik
kasir

cvećar
penjual bunga

frizer
penata rambut

kondukter
konduktor

mehaničar
montir

kapetan
kapten

zubar
dokter gigi

naučnik
ilmuwan

rabi
rabbi

imam
imam

monah
biarawan

svećenik
pendeta

alati
alat

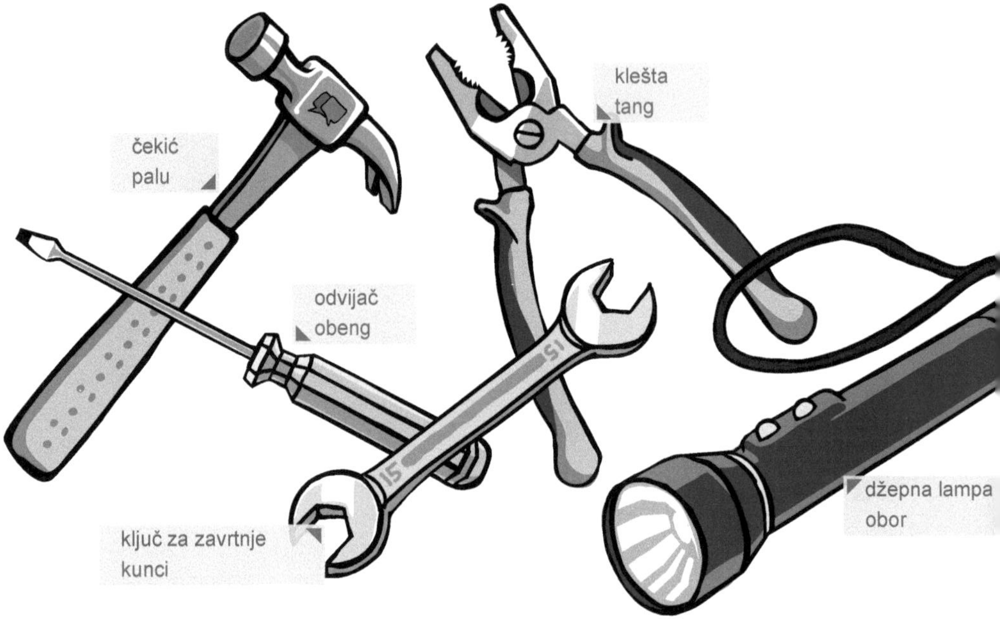

čekić
palu
kliješta
tang
odvijač
obeng
ključ za zavrtnje
kunci
džepna lampa
obor

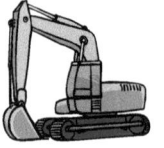

bager

penggali

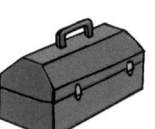

kutija za alat

tas perkakas

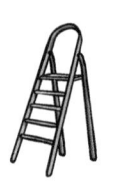

merdevine

tangga

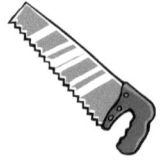

pila

gergaji

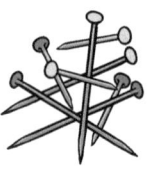

ekser

paku

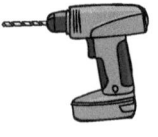

bušilica

bor

popraviti
perbaikan

lopata
sekop

do đavola!
Sialan!

lopatica
cikrak

lonac za boju
pot cat

zavrtanji
sekrup

muzički instrument
alat musik

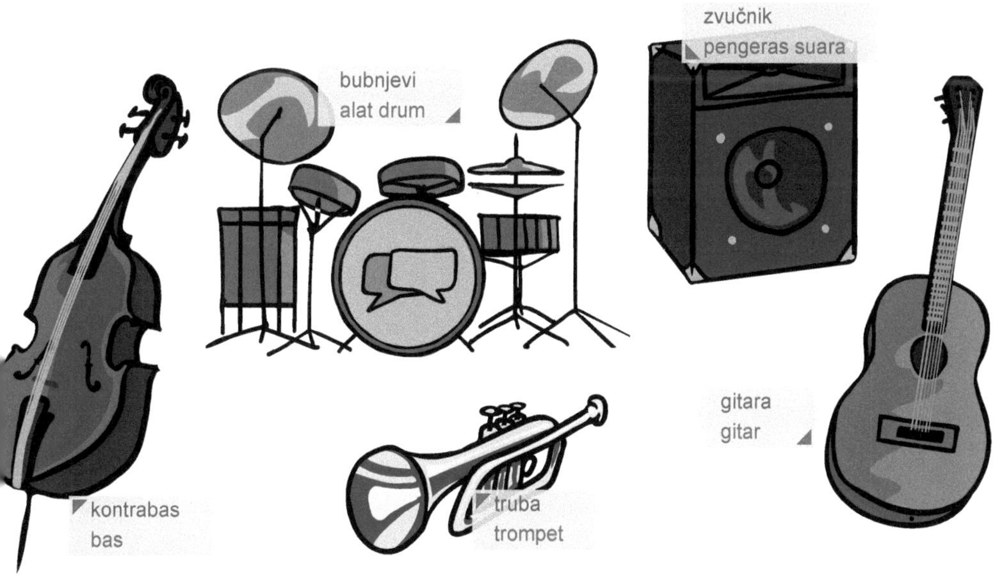

zvučnik
pengeras suara

bubnjevi
alat drum

gitara
gitar

kontrabas
bas

truba
trompet

klavir
piano

violina
violin

bas
bass

timpani
tambur

udaraljke za bubnjeve
drum

tipke klavira
keyboard

saksofon
saksofon

flauta
suling

mikrofon
mikrofon

zoološki vrt
kebun binatang

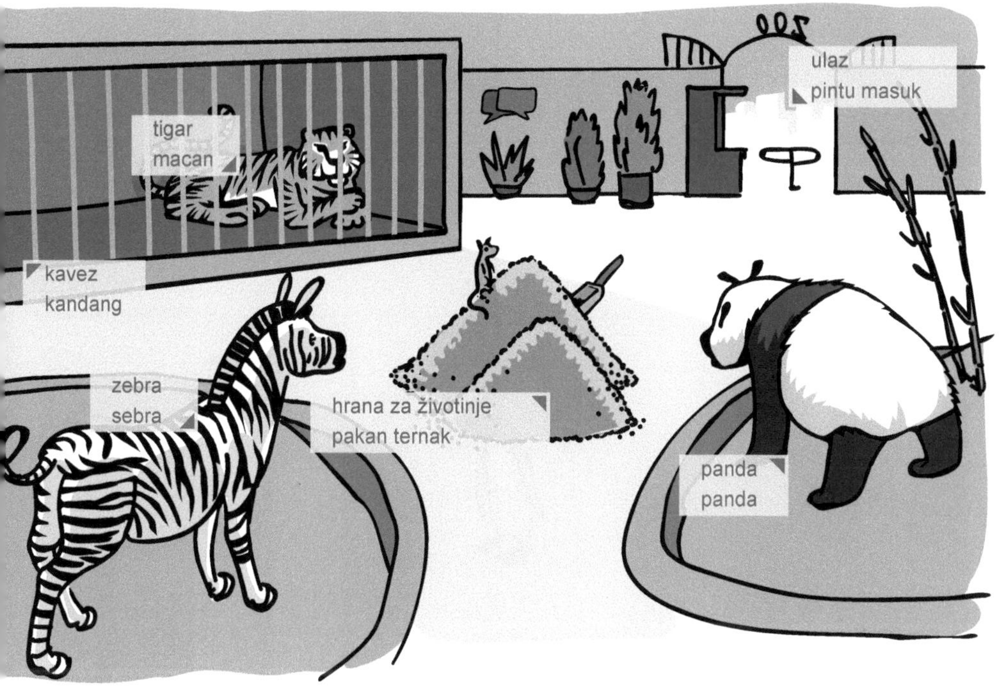

ulaz
pintu masuk
tigar
macan
kavez
kandang
zebra
sebra
hrana za životinje
pakan ternak
panda
panda

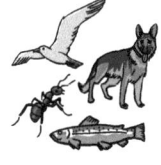

životinje

hewan

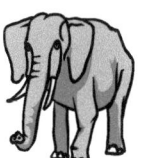

slon

gajah

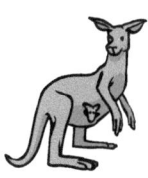

kengur

kanguru

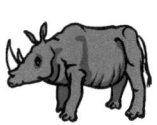

nosorog

badak

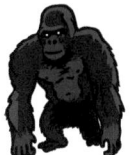

gorila

gorila

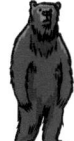

medved

beruang

kamila

unta

noj

burung unta

lav

singa

majmun

monyet

flamingo

flamingo

papagaj

burung beo

polarni medved

beruang polar

pingvin

penguin

ajkula

hiu

paun

merak

zmija

ular

krokodil

buaya

čuvar u zoološkom vrtu

penjaga kebun binatang

tuljan

segel

jaguar

jaguar

poni

kuda poni

leopard

macan tutul

nilski konj

kuda nil

žirafa

jerapah

orao

burung elang

divlja svinja

babi jantan

riba

ikan

kornjača

kura-kura

morž

anjing laut

lisica

rubah

gazela

kijang

americki nogomet
american football

biciklizam
naik sepeda

tenis
tennis

kosarka
basketbal

plivanje
bernang

boks
tinju

hokej na ledu
hoki es

fudbal
sepak bola

badminton
badminton

atletika
atletik

rukomet
bola tangan

skijanje
main ski

polo
polo

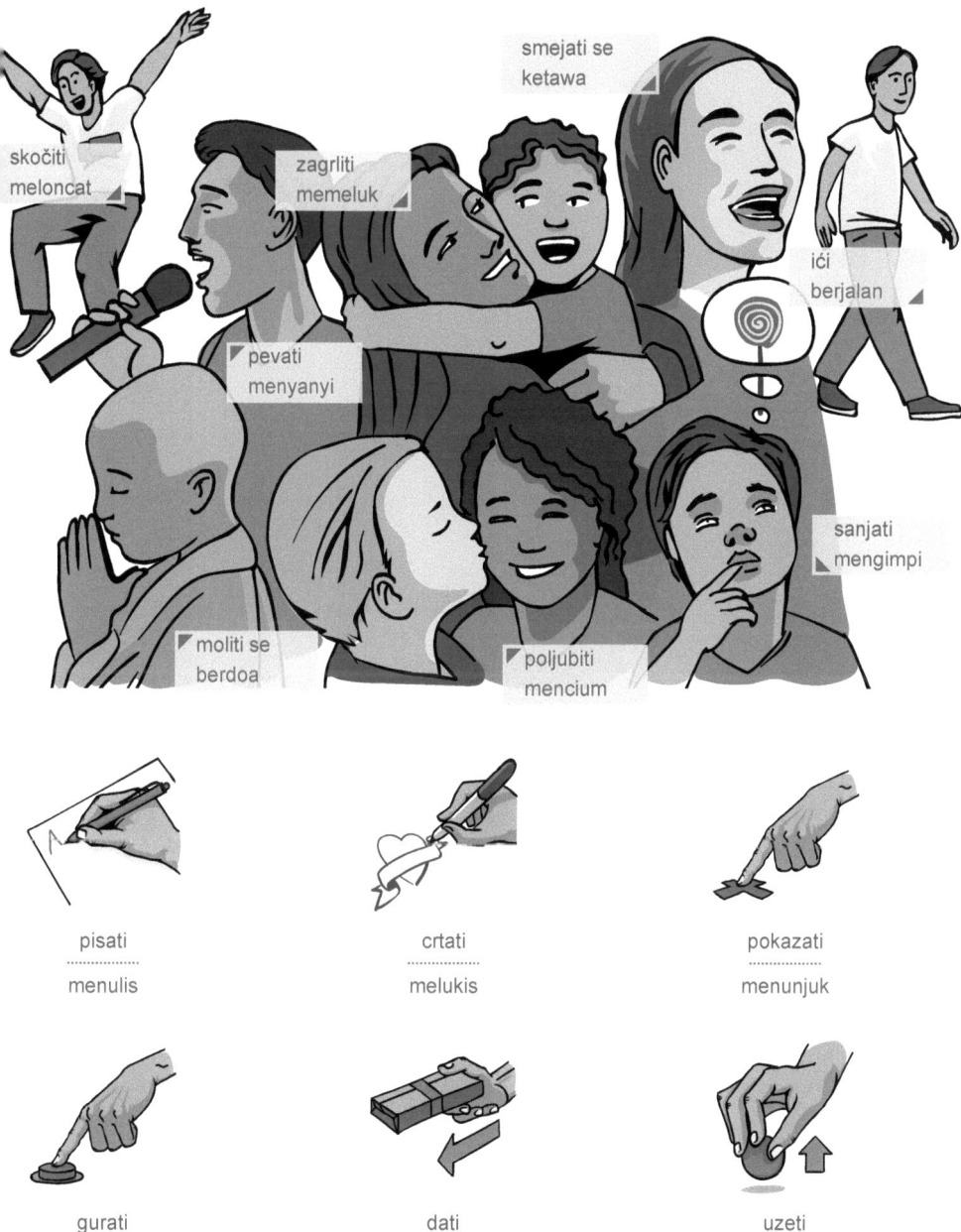

skočiti
meloncat

zagrliti
memeluk

smejati se
ketawa

ići
berjalan

pevati
menyanyi

moliti se
berdoa

poljubiti
mencium

sanjati
mengimpi

pisati
menulis

crtati
melukis

pokazati
menunjuk

gurati
mendorong

dati
memberikan

uzeti
mengambil

imati
....
mempunyai

činiti
....
melakukan

biti
....
adalah

stojati
....
berdiri

trčati
....
berlari

povlačiti
....
menarik

baciti
....
melempar

padati
....
jatuh

ležati
....
tidur

čekati
....
menunggu

nositi
....
membawa

sediti
....
duduk

oblačiti
....
berpakaian

spavati
....
tidur

probuditi se
....
bangun

gledati

melihat

plakati

menangis

milovati

mengelus

češljati

menyisir

govoriti

berbicara

razumeti

mengerti

pitati

menanyak

slušati

mendengar

piti

minum

jesti

makan

pospremiti

merapikan

voleti

cinta

kuhati

memasak

voziti

menyetir

leteti

terbang

ploviti
berlayar

računati
menghitung

čitati
membaca

učiti
belajar

raditi
bekerja

venčati se
menikah

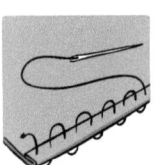

šiti
menjahit

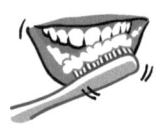

prati zube
sikat gigi

ubiti
membunuh

pušiti
merokok

poslati
kirim

porodica
keluarga

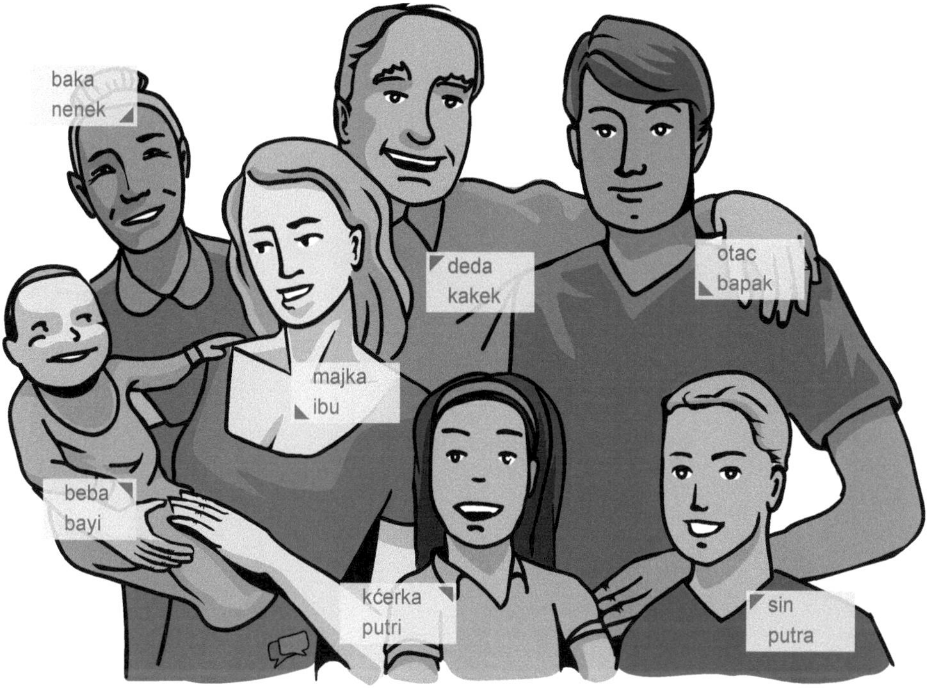

baka
nenek
deda
kakek
otac
bapak
majka
ibu
beba
bayi
kćerka
putri
sin
putra

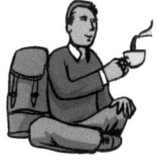

gost

tamu

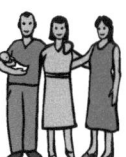

tetka

bibi

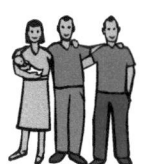

ujak, stric

paman

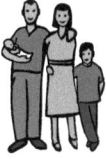

brat

kakak laki

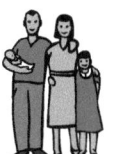

sestra

kakak perempuan

telo
badan

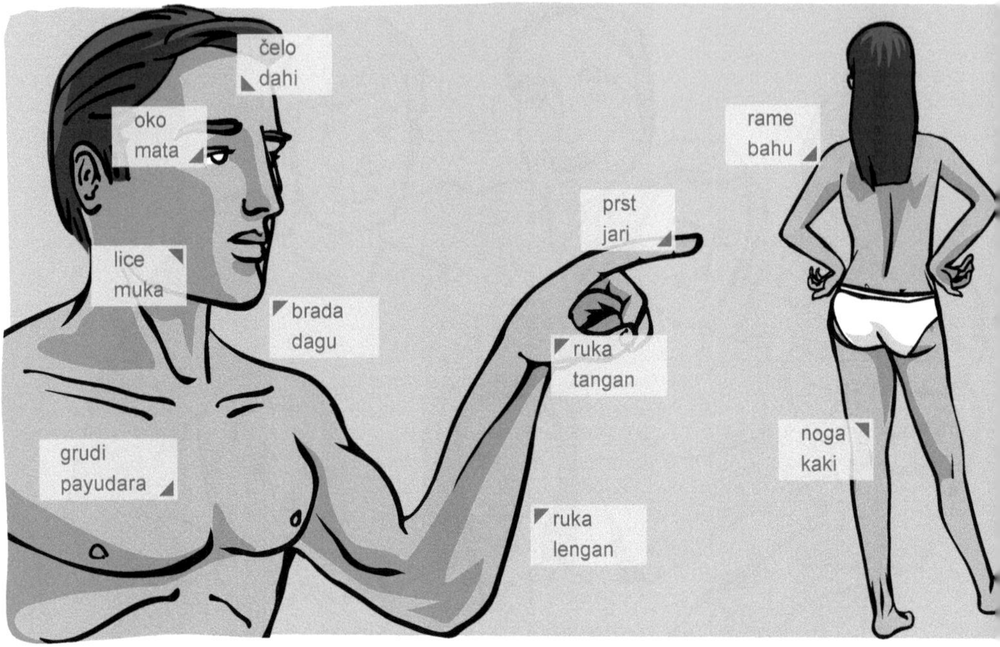

čelo
dahi

oko
mata

rame
bahu

lice
muka

prst
jari

brada
dagu

ruka
tangan

grudi
payudara

noga
kaki

ruka
lengan

beba
bayi

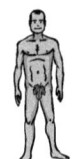

muškarac
pria

žena
wanita

devojčica
perempuan

dečak
laki

glava
kepala

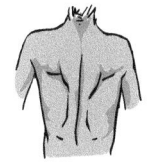

leđa

punggung

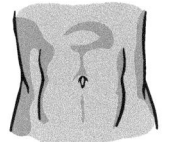

stomak

perut

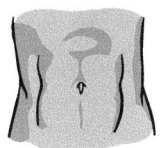

pupak

pusar

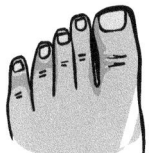

nožni prst

toe

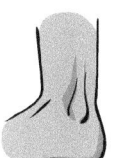

peta

tumit

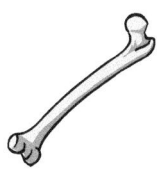

kost

tulang

kukovi

pinggang

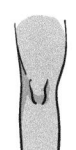

koleno

lutut

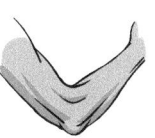

lakat

siku

nos

hidung

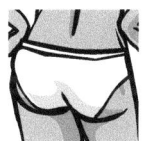

zadnjica

pantat

koža

kulit

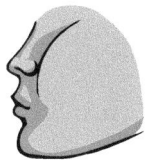

obraz

pipi

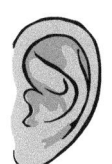

uvo

telinga

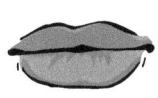

usna

bibir

telo - badan

usta

mulut

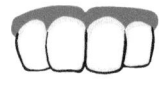

zub

gigi

jezik

lidah

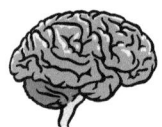

mozak

otak

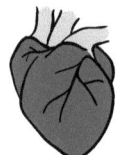

srce

jantung

mišić

otot

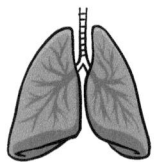

pluća

paru-paru

jetra

hati

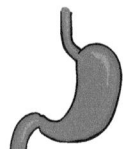

želudac

stomach

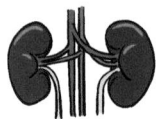

bubrezi

ginjal

polni odnos

hubungan seks

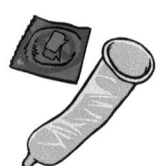

kondom

kondom

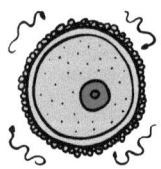

jajna ćelija

sel telur

sperma

sperma

trudnoća

kehamilan

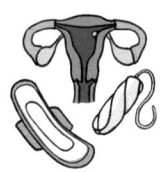

menstruacija
menstruasi

vagina
vagina

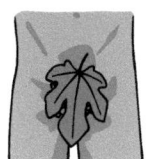

penis
penis

obrva
alis

kosa
rambut

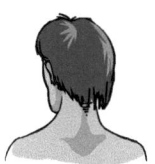

vrat
leher

bolnica
rumah sakit

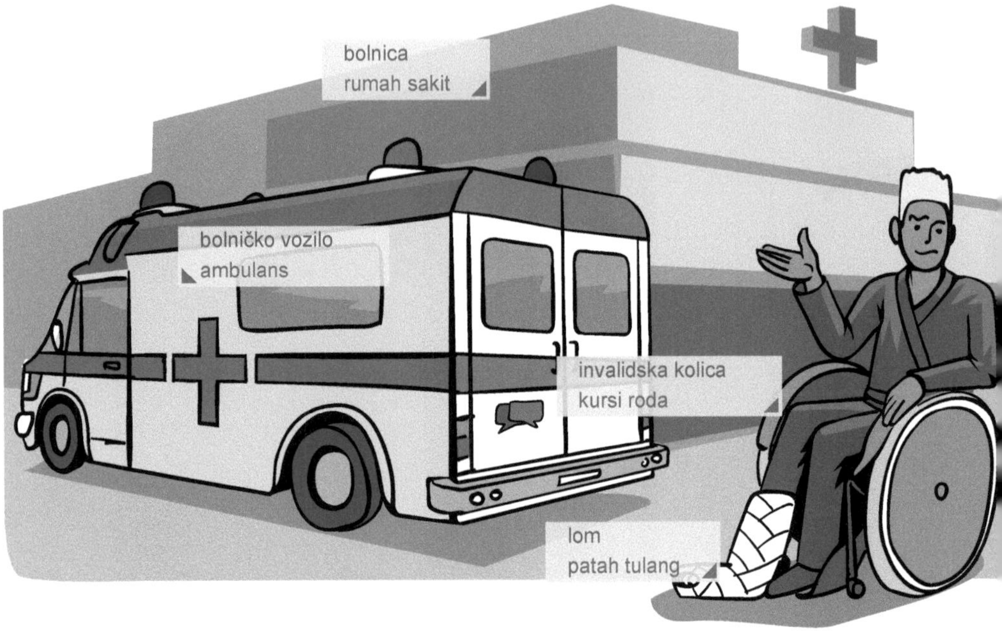

bolnica
rumah sakit
bolničko vozilo
ambulans
invalidska kolica
kursi roda
lom
patah tulang

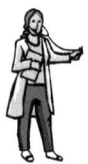

lekar

dokter

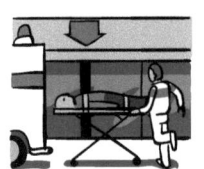

hitna medicinska služba

ruang darurat

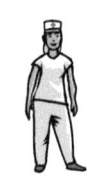

medicinska sestra

perawat

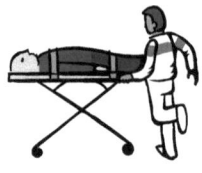

hitni slučaj

darurat

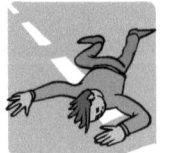

nesvest

semaput

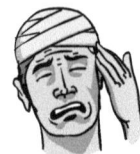

bol

sakit

povreda
cedera

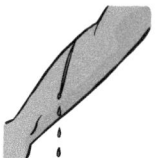

krvarenje
perdarahan

srčani udar
serangan jantung

udar
stroke

alergija
alergi

kašalj
batuk

groznica
demam

gripa
flu

proliv
diare

glavobolja
sakit kepala

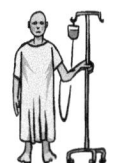

rak
kanker

dijabetes
diabetes

hirurg
ahli bedah

skalpel
pisau bedah

operacija
operasi

ct
CT

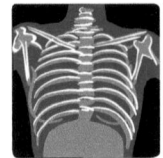

rentgen
sinar x

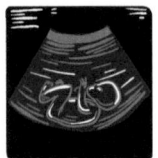

ultrazvuk
usg

maska
topeng

bolest
penyakit

čekaona
ruang tunggu

štaka
penyokong

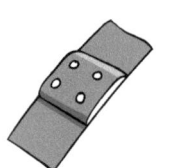

flaster
plester

zavoj
perban

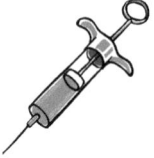

injekcija
injeksi

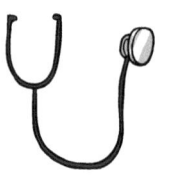

stetoskop
stetoskop

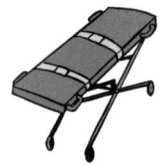

nosila
usungan

termometar
termometer klinis

rođenje
kelahiran

prekomerna težina
kelebihan berat badan

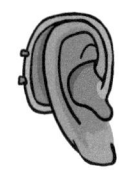

slušni aparat

alat pendengar

sredstvo za dezinfekciju

desinfektan

infekcija

infeksi

virus

virus

HIV / AIDS

HIV / AIDS

medicina

obat

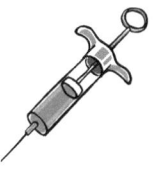

vakcinacija

vaksinasi

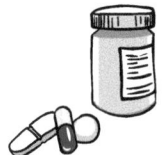

tablete

tablet

pilula

pil

hitni poziv

panggilan darurat

uređaj za merenje pritiska

ukur tekanan darah

bolesno / zdravo

sakit / sehat

pomoć!

Tolong!

alarm

alarm

nasrtaj

penyerbuan

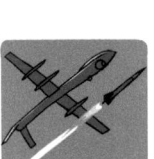

napad

serangan

opasnost

bahaya

izlaz u slučaju nužde

pintu darurat

požar!

Api!

protivpožarni aparat

alat pemadam kebakaran

nezgoda

kecelakaan

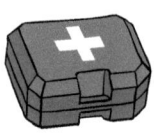

kutija prve pomoći

kit pertolongan pertama

sos

SOS

policija

polisi

Evropa

Eropa

Severna Amerika

Amerika Utara

Južna Amerika

Amerika Selatan

Afrika

Afrika

Azija

Asia

Australija

Australi

Atlantik

Atlantik

Pacifik

Pasifik

Indijski okean

Samudra India

Antarktički okean

Samudra Antartika

Arktički ocean

Samudra Arktik

Severni pol

kutub utara

Južni pol
kutub selatan

Antarktik
Antarktika

zemlja
bumi

zemlja
tanah

more
laut

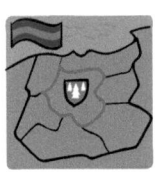

otok
pulau

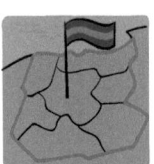

nacija
bangsa

država
negara

brojčanik sata

jam wajah

satna kazaljka

jarum pendek

minutna kazaljka

jarum menit

sekundna kazaljka

jarum detik

Koliko je sati?

Jam berapa?

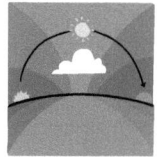

dan

hari

vreme

waktu

sada

sekarang

digitalni sat

jam digital

minuta

menit

čas

jam

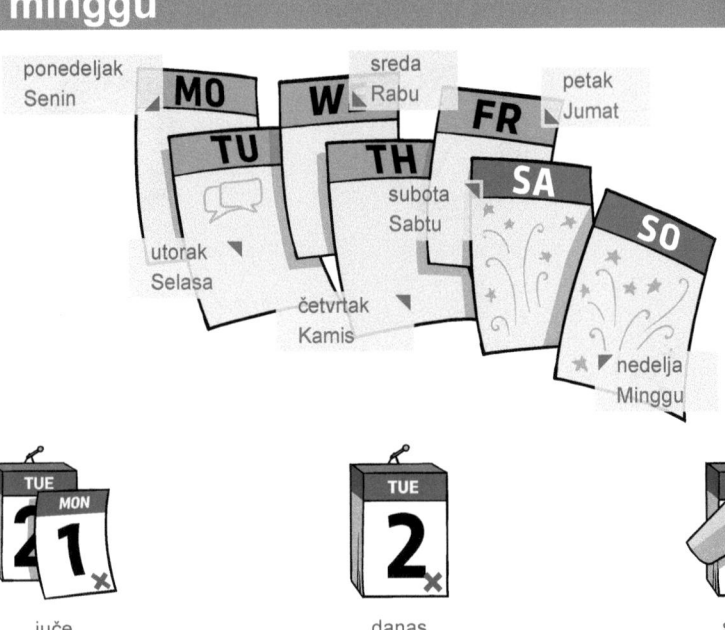

ponedeljak
Senin

sreda
Rabu

petak
Jumat

utorak
Selasa

subota
Sabtu

četvrtak
Kamis

nedelja
Minggu

juče
kemaren

danas
hari ini

sutra
besok

jutro
pagi

podne
siang

veče
malam

MO	TU	WE	TH	FR	SA	SU
1	2	3	4	5	6	7
8	9	10	11	12	13	14
15	16	17	18	19	20	21
22	23	24	25	26	27	28
29	30	31	1	2	3	4

radni dani
hari kerja

MO	TU	WE	TH	FR	SA	SU
1	2	3	4	5	6	7
8	9	10	11	12	13	14
15	16	17	18	19	20	21
22	23	24	25	26	27	28
29	30	31	1	2	3	4

vikend
akhir minggu

godina
tahun

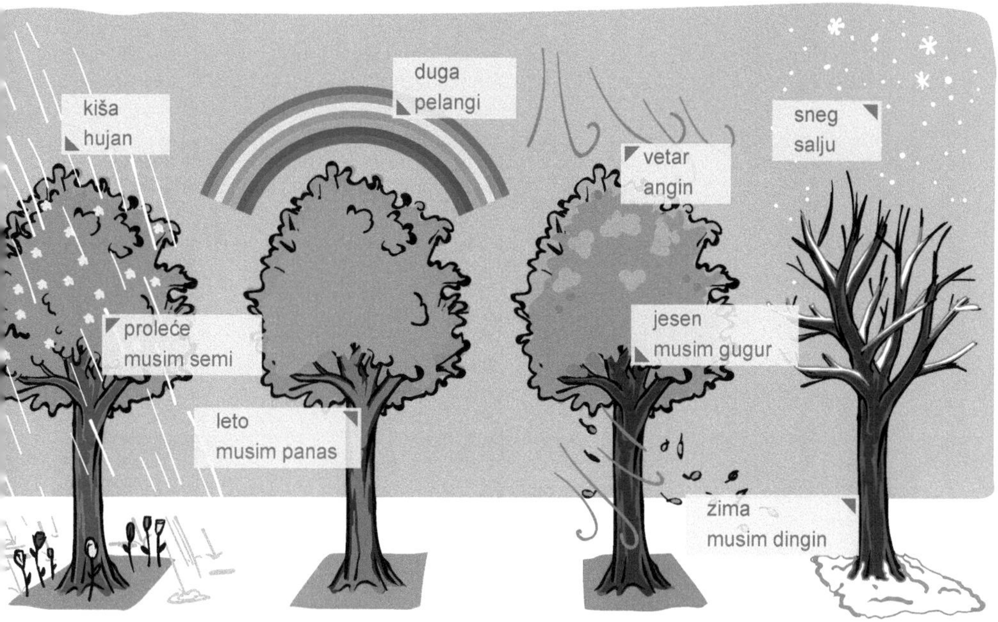

kiša
hujan
duga
pelangi
vetar
angin
sneg
salju
proleće
musim semi
leto
musim panas
jesen
musim gugur
zima
musim dingin

4.APRIL 11°
5.APRIL 4°
6.APRIL 13°
7.APRIL 8°
8.APRIL 10°

ıeteorološka prognoza

ramalan cuaca

F C
120 40
90 30
60 20
30 10
0 0
-30 -10
-20

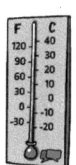

termometar

termometer

sunčana svetlost

matahari

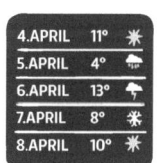

oblak

awan

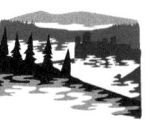

magla

kabut

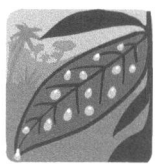

vlažnost vazduha

kelembahan

munja

kilat

grmljavina

guntur

oluja

badai

tuča

hujan es

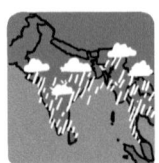

monsun

monsun

poplava

banjir

led

es

januar

Januari

februar

Februari

mart

Maret

april

April

maj

Mei

juni

Juni

juli

Juli

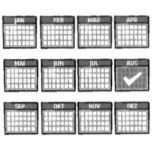

avgust

Agustus

godina - tahun

septembar
....
September

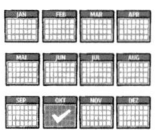

oktobar
....
Oktober

novembar
....
November

decembar
....
Desember

oblici
bentuk

krug
....
lingkaran

kvadrat
....
persegi

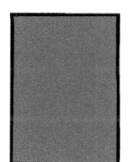

pravougao
....
persegi panjang

trougao
....
segi tiga

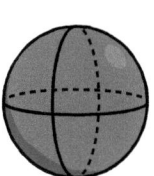

kugla
....
bola

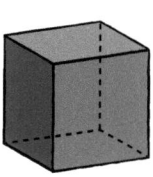

kocka
....
kubus

warna-warna

bela
....
putih

žuta
....
kuning

narandžasta
....
oranye

ružičasta
....
pink

crvena
....
merah

ljubičasta
....
ungu

plava
....
biru

zelena
....
hijau

smeđa
....
coklat

siva
....
abu-abu

crna
....
hitam

mnogo / malo

banyak / sedikit

ljutito / mirno

marah / tenang

lepo / ružno

cantik / jelek

početak / kraj

mulaih / selesai

veliko / maleno

besar / kecil

svetlo / tamno

terang / gelap

brat / sestra

udara laki-laki / saudara
perempuan

čisto / prljavo

bersih / kotor

potpuno / nepotpuno

lengkap / tidak lengkap

dan / noć

hari / malam

mrtvo / živo

mati / hidup

široko / usko

luas / sempit

jestivo / nejestivo

dapat dimakan / tidak dapat
dimakan

zlo / dobro

jahat / baik

uzbuđeno / dosadno

bersemangat / bosan

debelo / mršavo

gemuk / kurus

na početku / na kraju

pertama / terakhir

prijatelj / neprijatelj

teman / musuh

puno / prazno

penuh / kosong

tvrdo / mekano

keras / lembut

teško / lagano

berat / enteng

glad / žeđ

lapar / haus

bolesno / zdravo

sakit / sehat

ilegalno / legalno

ilegal / legal

pametno / glupo

cerdas / bodoh

levo / desno

kiri / kanan

blizu / daleko

dekat / jauh

novo / polovno
baru / bekas

ništa / nešto
tidak ada apapun / sesuatu

staro / mlado
tua / muda

uključeno / isključeno
nyala / mati

otvoreno / zatvoreno
buka / tutup

tiho / glasno
tenang / keras

bogato / siromašno
kaya / miskin

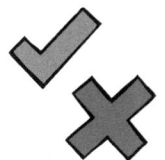

tačno / pogrešno
benar / salah

hrapavo / glatko
kasar / halus

tužno / sretno
sedih / gembira

kratko / dugo
pendek / panjang

polako / brzo
pelan-pelan / cepat

mokro / suho
basah / kering

toplo / hladno
hangat / sejuk

rat / mir
perang / damai

0

nula
nol

1

jedan
satu

2

dva
dua

3

tri
tiga

4

četiri
empat

5

pet
lima

6

šest
enam

7

sedam
tujuh

8

osam
delapan

9

devet
sembilan

10

deset
sepuluh

11

jedanaest
sebelas

12

dvanaest

duabelas

13

trinaest

tigabelas

14

četrnaest

empatbelas

15

petnaest

limabelas

16

šestnaest

enambelas

17

sedamnaest

tujuhbelas

18

osamnaest

delapanbelas

19

devetnaest

sembilanbelas

20

dvadeset

duapuluh

100

stotinu

seratus

1.000

hiljadu

seribu

1.000.000

milion

juta

engleski

Inggris

američki engleski

bahasa Inggris Amerika

mandarinski kineski

bahasa Cina Mandarin

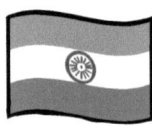

hindski

bahasa Hindi

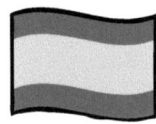

španski

bahasa Spanyol

francuski

bahasa Perancis

arapski

bahasa Arab

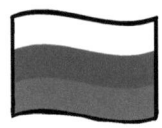

ruski

bahasa Rusia

portugalski

bahasa Portugis

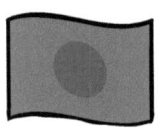

bengalski

bahasa Bengal

nemački

bahasa Jerman

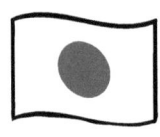

japanski

bahasa Jepang

ja
....
saya

ti
....
kamu

on / ona / ono
....
dia

mi
....
kita

vi
....
kalian

oni
....
mereka

Ko?
....
siapa?

Šta?
....
apa?

Kako?
....
begaimana?

Gde?
....
dimana?

Kada?
....
kapan?

ime
....
nama

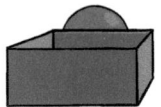

iza

dibelakang

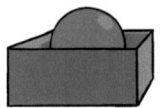

u

di

ispred

didepan

preko

diatas

na

diatas

ispod

dibawah

pored

sebelah

između

di antara

mesto

tempat